westermann

PASSWORT
LUPE

- 456 Wortkarten zum Grundwortschatz
- Blanko-Wortkarten zum individuellen Ergänzen
- Strategiekarten mit differenzierten Übungsimpulsen
- Methodenkarten mit Anregungen zur Partner- und Gruppenarbeit
- Handreichung mit Informationen zum Einsatz der Kartei im Unterricht
- Synopse mit den enthaltenen Wörtern
- Zusammenfaltbare Box

1/2
Kartei zum Grundwortschatz
Wörtertraining mit Rechtschreibstrategien

ISBN 978-3-14-141519-3

9 783141 415193

www.westermann.de

Ziel des Kompetenzbereichs *Schreiben* in der Primarstufe ist es, Schülerinnen und Schülern die Basis und das Handwerkszeug zu vermitteln, das sie befähigt, zu kompetenten Schreiberinnen und Schreibern zu werden. Dazu gehört neben dem Verständnis in die Schreiber-Leser-Beziehung und in den Prozess der Textproduktion vor allem das *Richtigschreiben*. Texte müssen lesbar sein, um überhaupt verstanden werden zu können. Und Lesbarkeit allein reicht nicht aus. Texte müssen auch orthografisch richtig geschrieben sein, denn Orthografie hat eine soziale Komponente. Ob in Bewerbungsanschreiben, Geschäftsbriefen oder den sozialen Medien – mangelnde Rechtschreibfähigkeiten werden mit einem geringen Bildungsniveau assoziiert.

Im Rechtschreibunterricht der Primarstufe erwerben die Schülerinnen und Schüler ein Bewusstsein für die Strukturen der deutschen Schriftsprache und lernen, orthografische Stolperstellen zu erkennen und mithilfe passender Rechtschreibstrategien aufzulösen. Parallel zum Erforschen von Rechtschreibphänomenen und Anwenden von Rechtschreibstrategien rückt zunehmend die automatisierte Verschriftung eines Basiswortschatzes in den Vordergrund, um die Textproduktion zu entlasten. Immer mehr Bundesländer haben Grund- und Modellwortschätze mit Listen von Wörtern veröffentlicht, die die Kinder am Ende der Grundschulzeit sicher schreiben können sollen. Auch wenn sich die Wörter in den Listen der verschiedenen Bundesländer teilweise unterscheiden, verfahren sie nach dem gleichen Muster. Sie enthalten Häufigkeits- bzw. Funktionswörter sowie Wörter, die prototypisch für Rechtschreibstrategien stehen. Zusätzlich sollen individuell häufig gebrauchte Wörter (Klassen-, Themen- oder Schülerwortschatz) geübt werden.

Die *Lehrwerksreihe PASSWORT LUPE* basiert auf einer sukzessiven Einführung von Rechtschreibstrategien bereits parallel zum Schriftspracherwerb in der ersten Jahrgangsstufe. Im Verlauf der zweiten Jahrgangsstufe werden die Rechtschreibstrategien kognitiv ausgebaut, sodass die Strategien als solche am Ende der Jahrgangsstufe 2 eingeführt sind. Ihre Anwendung wird in den Jahrgängen 3 und 4 auf andere Wortarten und weitere rechtschriftliche Schwerpunkte übertragen, somit vertieft und automatisiert. Bei der Auswahl der Wörter für die *Lehrwerksreihe PASSWORT LUPE* wurden die verschiedenen Grund- und Modellwortschätze der Bundesländer berücksichtigt. Die *Kartei zum Grundwortschatz – Wörtertraining mit Rechtschreibstrategien* erweitert die *Lehrwerksreihe* um ein Material zum systematisierten Üben eines Basiswortschatzes.

Die *Kartei zum Grundwortschatz – Wörtertraining mit Rechtschreibstrategien* umfasst:

- 456 Wortkarten, getrennt nach ihrer Eignung für die erste und zweite Jahrgangsstufe,
- 72 Blankokarten für ergänzende Übungswörter,
- acht Strategiekarten mit differenzierten Übungsimpulsen zu den Rechtschreibstrategien (S. 7 bis 14

dieser Handreichung),
- sechs Methodenkarten mit differenzierten Übungsimpulsen (S. 15 bis 20 dieser Handreichung),
- eine beschreibbare Karteibox und
- eine Kopiervorlage zum Erstellen von Reitern für die Karteibox (S. 6 dieser Handreichung).

Die *Kartei zum Grundwortschatz – Wörtertraining mit Rechtschreibstrategien* ermöglicht Schülerinnen und Schülern, ihre Rechtschreibkompetenz anhand eines grundlegenden Wortschatzes zu trainieren und wachsende Sicherheit beim Schreiben rechtschreibhäufiger Wörter zu entwickeln. Die Kinder untersuchen mithilfe der Strategiekarten Wörter auf ihre Schreibung hin, benennen orthografische Problemstellen, wählen passende Rechtschreibstrategien aus und festigen den Übungswortschatz mithilfe der Methodenkarten.

Die Auswahl der Übungswörter basiert auf den Grund- und Modellwortschätzen der einzelnen Bundesländer und konzentriert sich hierbei auf eine Schnittmenge der ca. 450 häufigsten Modell- und Funktionswörter. Eine Übersicht übe die Zugehörigkeit der Übungswörter zum verbindlichen Grund- bzw. Modellwortschatz eines bestimmten Bundeslandes findet sich unter: *www.westermann.de/passwortlupe/GWK/Planungshilfen*

Eine alphabetische Synopse aller, in der *Kartei zum Grundwortschatz – Wörtertraining mit Rechtschreibstrategien* enthaltenen Übungswörter findet sich am Ende dieser Handreichung (S. 21 bis 24). In der Synopse sind die für ein Wort relevanten Rechtschreibstrategien angegeben und, ob es sich jeweils um ein wichtiges Häufigkeits- bzw. Funktionswort handelt.

Aufbau und Konzeption der Materialbestandteile

Die Wortkarten

Die **192 Wortkarten für die erste Jahrgangsstufe** (blauer Kopfbalken) enthalten konkrete Inhaltswörter (Nomen, Verben, Adjektive) sowie einen Grundstock wichtiger (Häufigkeits-/Funktions-)Wörter. Illustrationen der Nomen, Verben und Farbadjektive unterstützen Leseanfängerinnen und Leseanfänger oder Kinder mit geringen Deutschkenntnissen beim Erfassen der Wortbedeutung. Ein silbischer Druck erleichtert das Erlesen der Wörter.

Auf den **264 Wortkarten für die zweite Jahrgangsstufe** (grüner Kopfbalken) entfallen die Illustration und der silbische Druck. Das Wortmaterial umfasst erste abstrakte Nomen sowie Adjektive und Verben mit Wortbausteinen.

Die Wortkarten sind so aufgebaut, dass jeweils auf der Vorderseite das Wort in der Grundform steht, auf den Rückseiten stehen flektierte Wortformen. Die Wortformen sind einerseits für eine Anwendung der verschiedenen Rechtschreibstrategien notwendig, darüber hinaus zeigen sie, wie die jeweilige Wortart beim Schreiben an den Kontext angepasst wird:

- Nomen werden auf den Rückseiten der Wortkarten im Singular und Plural aufgeführt. Unter orthografischem Gesichtspunkt ist der Plural für drei Rechtschreibstrategien wichtig: Zunächst ist die Pluralbildung ein Merkmal zum Erkennen der Nomen und damit der Großschreibung (vgl. Strategiekarte 3). Zusätzlich ist der Plural oft zweisilbig, sodass nicht eindeutige Endlaute hörbar werden (vgl. Strategiekarte 2: *„Kind kommt von Kinder, also d."*). Mitunter zeigt der Plural Umlaute, die auf den Wortstamm im Singular zurückgeführt werden müssen (vgl. Strategiekarte 8: *„Bälle kommt von Ball, also ä."*).
- Verben werden in der Grundform und der dritten Person Singular Präsens angegeben (das Genus variiert nach dem Zufallsprinzip). Auf den Karten der zweiten Jahrgangsstufe tritt die erste Person Singular Präsens dazu. Verben zeigen oft erst in den flektierten Wortformen orthografische Lupenstellen (vgl. Strategiekarte 8: *„laufen – sie läuft"*).
- Adjektive werden auf den Karten der ersten Jahrgangsstufe in ihrer prädikativen Form angegeben, die zum Erkennen der Wortart beiträgt (*„Der Film ist toll."*), und in der attributiven Form, die beim Erkennen geschlossener und offener Silben hilfreich ist (vgl. Strategiekarte 5: *„der tol-le Film"*). Auf den Karten der zweiten Jahrgangsstufe tritt der Komparativ hinzu.

In einzelnen Fällen wird von der genannten Systematik der grammatischen Angaben abgewichen, wenn zum Anwenden einer Rechtschreibstrategie weitere Formen notwendig sind (vgl. *„Sand – sandig"*) oder Formen als besonders wichtig für die Textproduktion erachtet werden (*„sein, ich bin, du bist, er ist"*).

Am unteren Rand der Wortkartenrückseiten finden die Schülerinnen und Schüler die **Symbole der Rechtschreibstrategien**, die für das Untersuchen eines Wortes und seiner Wortformen relevant sind. Dabei sind die Strategien in der Reihenfolge angegeben, in der sie im Wort angewandt werden müssen.
Beispiel: der Apfel
1. Strategie *Großschreibung*, es muss erkannt werden, dass es sich bei dem Wort um ein Nomen handelt.
2. Strategie *Silben*, denn die Wortendung /-el/ enthält den schwer hörbaren schwa-Laut.
3. Strategie *Wortstamm*, denn bei der Mehrzahlbildung /Äpfel/ ergibt sich ein /ä/-Laut, der durch den Wortstamm im Singular erklärt werden kann.

Die wichtigen (Häufigkeits-/Funktions-)Wörter sind dabei mit einem eigenen Symbol gekennzeichnet: ①. Sie können den Rechtschreibstrategien oft nicht zugeordnet werden und müssen aufgrund ihrer Kürze und der Tatsache, dass sie hauptsächlich grammatische Funktion erfüllen und über keine eigenständige Semantik verfügen, anders geübt werden (vgl. Methodenkarte 4).

Ab der zweiten Jahrgangsstufe ist es sinnvoll, auch den Kontext eines Wortes zu beachten, deshalb findet sich auf diesen Karten vor der Angabe der Rechtschreibstrategien ein **Lückensatz**, der das Wort semantisch einbettet und sich als Rätselsatz im Umgang mit den Wortkarten eignet (vgl. Methodenkarte 3: *„Quiz-Show"*).

Die **Blankokarten** können genutzt werden, um fehlende länderspezifische Wörter zu ergänzen, einen individuellen Klassenwortschatz anzulegen, einen Themenwortschatz zu erarbeiten oder, falls jedes Kind über eine eigene Kartei verfügt, zum Sammeln von individuellen Lernwörtern. Auf den Rückseiten finden sich leere Strategiefelder, dort können die Strategiesymbole oder das Symbol für *Wichtige Wörter* von Hand ergänzt werden.

Die Karteibox und die Reiterkarten

Zum Strukturieren der Wortkarten dient die **Kopiervorlage mit den Karteireitern** auf Seite 6 dieser Handreichung. Sie sind, wie die Blankokarten, frei gestaltbar, abhängig davon, nach welchen Kriterien das Wortmaterial im Unterricht strukturiert werden soll, zum Beispiel nach Strategien und Methoden oder auch nach eigenen Kriterien wie nach Kapiteln zum Sprachbuch passend, nach Themen oder auch nach Wortarten.

In der beiliegenden **Karteibox** können die Wortkarten aufbewahrt werden. Die seitlichen Schlitze ermöglichen, die Karteireiter einzuhaken, sodass die einzelnen Fächer, in denen die Wortkarten geordnet werden, auch dann noch stabil sind, falls mit einer reduzierten Anzahl Wortkarten gearbeitet wird.

Die Karteibox ist beschreibbar, damit sie offen für unterschiedliche Einsatzformen im Unterricht ist. So kann, beim Einsatz von mehreren Karteien für die Klassengemeinschaft oder in einer jahrgangsgemischten Schuleingangsstufe, der Wortschatz nach Wortkarten für die erste und zweite Jahrgangsstufe getrennt werden, nach Wörtern zum Üben von Strategien und Wörtern zum Üben nach Methoden.

Verfügt jedes Kind über eine eigene Box, besteht die Möglichkeit, diese individuell gestalten zu lassen. Für viele Kinder erhöht sich so der persönliche Bezug und damit oft auch die Motivation mit der „eigenen Kartei" zu arbeiten.

Die Strategie- und Methodenkarten

Auf den Seiten 7 bis 20 in der Mitte dieser Handreichung finden sich **acht Strategiekarten** (gelber Kopfbalken) und **sechs Methodenkarten** (roter Kopfbalken). Auf den Vorderseiten werden die aus dem Lehrwerk bekannten Rechtschreibstrategien und Methoden mit Beispielen dargestellt. Dabei wird in der Regel nicht zwischen erster und zweiter Jahrgangsstufe getrennt, um die Schülerinnen und Schüler gemäß der eigenen Lernausgangslage mit der Kartei arbeiten zu lassen.

Auf den Rückseiten der Strategie- und Methoden-karten finden sich nach Niveaustufen differenzierte Übungsimpulse. Bei den Übungsimpulsen handelt es sich um Wahlaufgaben. Sie sind so formuliert, dass die Kinder selbstständig mit den Karteikarten üben können, sobald sie über eine ausreichende Lesefähigkeit zum Erlesen der Arbeitsaufträge verfügen. Während die Übungsimpulse auf den Rückseiten der Strategiekarten als Einzelarbeit an einer Rechtschreibstrategie formuliert sind, finden sich auf den Methodenkarten auch Übungsimpulse für die Partner- und Kleingruppenarbeit.

Übersicht über die Strategiekarten

- Strategiekarte 1: *Silben*
  silbischer Aufbau von Wörtern mit Vokalen, Umlauten und Zwielauten als Silbenkerne
- Strategiekarte 2: *Verlängern*
  Nomen mit den Lupenstellen b, d, g oder p, t, k am Wortende; durch Pluralbildung verlängern
- Strategiekarte 3: *Großschreibung*
  Schiebewortprobe als Nomenprobe; Artikel, Singular/Plural und Konkreta als Merkmale
- Strategiekarte 4: *Vokallänge 1*
  Silbenkerne mit den Vokalqualitäten kurz/lang; Lautdiskriminierung für die Schreibweisen i und ie
- Strategiekarte 5: *Vokallänge 2*
  Unterscheidung geschlossener und offener Silben; Konsonantenverdoppelung nach kurzem Vokal, tz und ck
- Strategiekarte 6: *Merken*
  Wörter mit Lupenstellen, die nicht erklärt werden können, üben (v, x, y, c und Doppelvokal)
- Strategiekarte 7: *Wortstamm 1*
  Konstantschreibung des Wortstamms in Wörtern einer Wortfamilie; Wortbildung mithilfe von Wortbausteinen
- Strategiekarte 8: *Wortstamm 2*
  zu Wörtern mit ä und äu verwandte Wörter mit a und au im Wortstamm finden

Übersicht über die Methodenkarten

- Methodenkarte 1: *Gedächtnistricks*
- Methodenkarte 2: *Wörter abschreiben*
- Methodenkarte 3: *Mit Diktaten üben*
- Methodenkarte 4: *Wörter üben*
- Methodenkarte 5: *Wörter nachschlagen*
- Methodenkarte 6: *Wörter unter der Lupe*

Hinweise zum Einsatz im Unterricht

Die *Kartei zum Grundwortschatz – Wörtertraining mit Rechtschreibstrategien* ist von ihrer Grundkonzeption her ein Material, mit dem die Kinder nach einer Einführungsphase selbstständig arbeiten können. Das Material ist flexibel, es kann sowohl in Plenumsphasen wie auch in der Freiarbeit eingesetzt werden.

Beispiel zur Einführung des Materials:
- Versammeln Sie die Kinder im Stuhlkreis und legen Sie einige Wortkarten mit Nomen und anderen Wortarten auf dem Boden aus. Lassen Sie die Kinder die Karten beschreiben und herausfinden, dass manche Wörter großgeschrieben sind.
- Zeigen Sie dann die Strategiekarte 3 und lesen Sie den ersten Punkt vor. Bearbeiten Sie anschließend im Stuhlkreis die ersten beiden Übungsimpulse von der Rückseite: Lassen Sie Nomen identifizieren und jeweils einfache Treppengedichte dazu erfinden.
- Stellen Sie anschließend den ersten Punkt und die ersten beiden Übungsimpulse der Strategiekarte 3 und der Methodenkarte 2 vor und stellen Sie beide, zusammen mit den Wortkarten der Nomen, auf einer Lerntheke bereit. Lassen Sie in der nächsten Freiarbeitsphase die Kinder wählen, wie sie die Nomen üben wollen.

Wenn jedes Kind über eine eigene Kartei zum Üben verfügt, kann die Arbeit mit der Kartei auch als Hausaufgabe erfolgen. Die Kinder können dann auf den Wortkarten Lupenstellen markieren oder Silbenbögen setzen. Ansonsten ist es sinnvoll, ein Schreibheft für die Arbeit mit der Wörterkartei anzulegen, in das die Schülerinnen und Schüler die zu übenden Wörter schreiben.

Das Material bietet Schülerinnen und Schülern sehr viele Möglichkeiten, selbstständig zu lernen und den eigenen Lernweg zu bestimmen. Das beginnt bei der Wortauswahl, setzt sich fort bei der Wahl des Zugangsweges und, wenn sich das Kind für die Arbeit mit einer Strategie- oder Methodenkarte entscheidet, bei der Wahl eines Übungsimpulses von der Kartenrückseite. Die Kinder können ein Übungswort
- metasprachlich über Rechtschreibstrategien erfassen,
- methodisch festigen, z. B. durch Abschreiben oder ein Partnerdiktat,
- funktional über Wortartentraining ihr Wissen über das Wort erweitern,
- kontextuell einbetten, indem der Lückensatz oder ein eigener Satz geschrieben wird
- oder auch frei üben, zum Beispiel mit verschiedenen Sammel- und Sortieraufgaben (z. B. nach Anlauten, nach Orthographemen, nach Wortarten oder nach Ober- und Unterbegriffen).

Um die Rechtschreibleistung zu verbessern, ist nicht allein das häufige Üben eines Wortes wichtig, sondern auch das Üben eines Wortes unter verschiedenen Aspekten oder Zugangswegen. Deshalb ist es sinnvoll, neben einem strategieorientierten Zugangsweg, auch weitere Übungsmöglichkeiten einzusetzen, zum Beispiel in einer Arbeit an Stationen, die Strategie- und Methodenkarten kombiniert und darüber hinaus das Übungswort in einen kontextuellen Zusammenhang setzt.

Vorbereitung der Übungsmaterialien

Aufbau der Karteibox

Die Karteibox kann ohne weitere Hilfsmittel aufgebaut werden. Bitte beachten: Die Box hat seitliche Schlitze zum Einstecken der Reiterkarten, falls mit diesen im Unterricht gearbeitet wird.

1. Legen Sie die Box mit der bedruckten Seite nach unten so vor sich, dass die lange Seitenwand mit dem rechteckigen Feld, das später den Boden bildet, zu Ihnen gerichtet ist.
2. Falten Sie zuerst die hintere lange Seitenwand so auf sich zu, dass die inneren Schlitze zu sehen sind. Knicken Sie dann die lange Lasche nach oben zurück und stellen sie die Seitenwand auf. Stützen sie die Innenwand mit der Lasche auf dem Boden ab. Falten Sie anschließend die seitlichen Laschen nach innen.
3. Stellen Sie dann die vordere lange Seitenwand senkrecht auf und knicken Sie dabei die seitlichen Laschen nach innen. Die Schlitze und der Boden müssen zunächst senkrecht stehen bleiben, um die Seitenwände einzuklappen.
4. Falten Sie jetzt die kurzen Seitenwände über die Laschen der langen Seitenwände nach innen. Knicken Sie dabei die oberen kurzen Laschen zurück, sodass die kurzen Laschen die Seitenwände auf dem Boden der Box abstützen.
5. Klappen Sie jetzt die hoch stehende lange Seitenwand mit dem Boden der Box nach innen in die Box hinein, sodass die rechteckige Lasche den Boden der Box bildet.

Vorbereitung der Wortkarten

Jeder Wortkartenbogen ordnet die einzelnen Wortkarten senkrecht in vier nebeneinander angeordneten Spalten nach dem Alphabet.
1. Knicken Sie zunächst entlang der senkrechten Perforation einmal vor und zurück.
2. Trennen sie die Spalten mit je drei Wortkarten auseinander.
3. Lösen Sie dann die einzelnen Karten voneinander und platzieren Sie sie in der Karteibox.

Es empfiehlt sich, die Blankokarten erst dann aus den Bögen herauszulösen, wenn sie im Unterricht eingesetzt werden sollen.

Vorbereitung der Strategie- und Methodenkarten

Zum Vorbereiten der Kartei- und Reiterkarten trennen Sie bitte die mittleren Bögen dieser Handreichung (Seite 5 bis 20) aus der Handreichung heraus. Schneiden Sie die Karteikarten entlang der gestrichelten Linie auseinander und laminieren Sie sie.

Vorbereitung der Reiterkarten

Kopieren Sie die gewünschte Anzahl Reiterkarten, kleben Sie sie auf ein dickes Papier oder eine dünne Pappe und schneiden Sie die Reiterkarten aus. Mithilfe der seitlichen Laschen können bis zu acht Reiterkarten in die Box eingehängt werden.

5

Reiter zur Gliederung der Wortkarten

Kopiervorlage

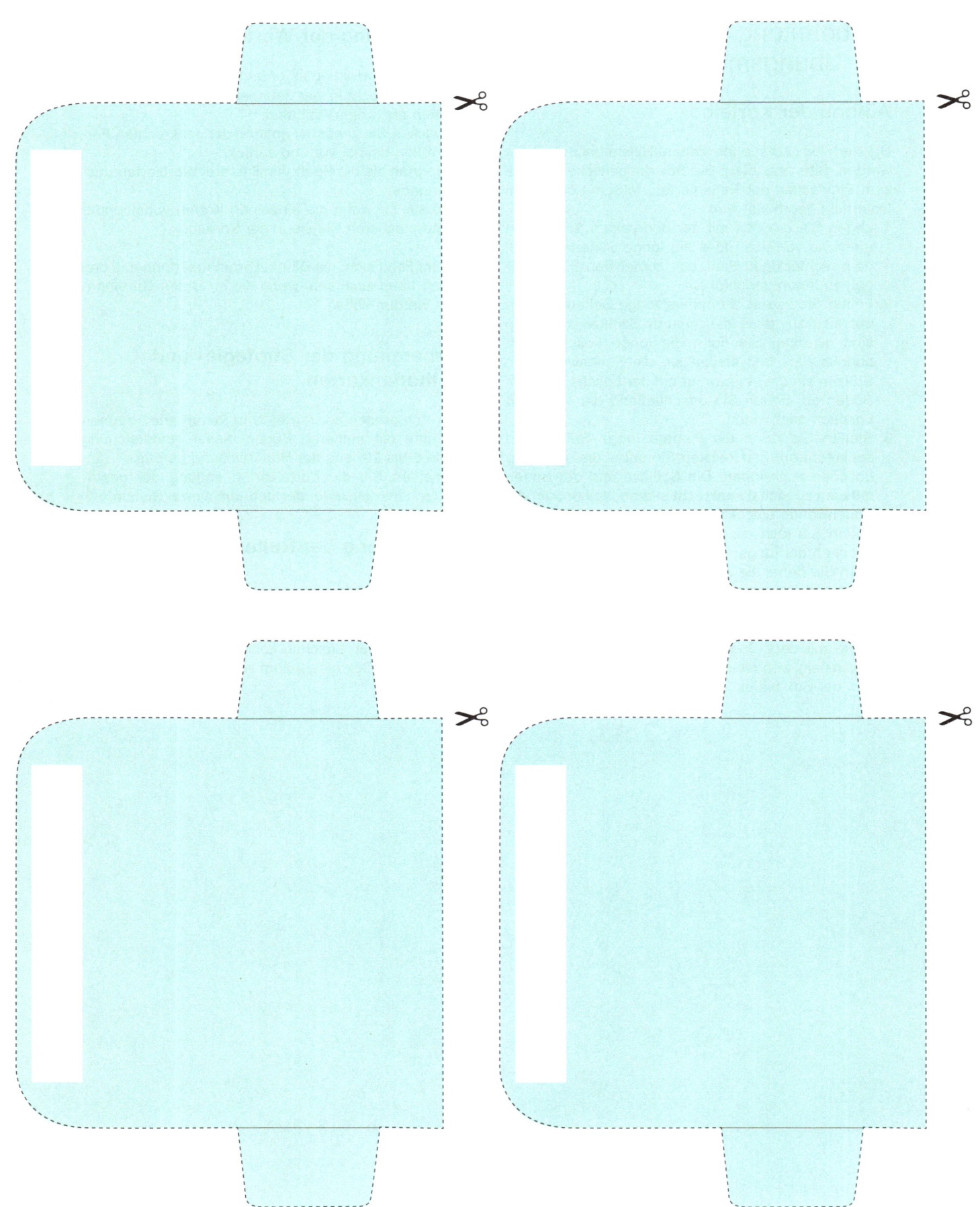

Silben

Strategiekarte 1 1 2

- Wörter bestehen aus **Silben**:
  Nase, Nacht, Blume, Brot, Ring, Biene, Körper, Eis, Gemüse
- In jeder Silbe steckt ein **Silbenkern**:
  Nase, Nacht, Blume, Brot, Ring, Biene, Körper, Eis, Gemüse
- Silbenkerne klingen verschieden: Nase, Nacht, Ring, Biene
- Silbenkerne sind die **Vokale a, e, i/ie, o, u**: Nase, Blume, Brot, Ring, Biene
  Silbenkerne sind auch die **Umlaute** und **Zwielaute**
  ä, ö, ü, au, ei, eu, äu: Körper, Eis, Gemüse
- Wenn ich ein Wort **aufschreiben** will, spreche ich **langsam** und **in Silben**. Dann kann ich oft alle Laute **hören**.

In der 2. Silbe versteckt sich oft ein e. Diesen Silbenkern kann ich oft schlecht hören: Insel, Regen

Verlängern

Strategiekarte 2 1 2

- Manche Wörter schreibe ich am Ende mit **b, d** oder **g**, obwohl ich ein **p, t** oder **k** höre: der Korb, der Hund, der Berg
- Wenn ich nicht weiß, wie ein Wort **am Ende** geschrieben wird, suche ich ein **verlängertes Wort** mit einer ähnlichen Bedeutung.
- Durch das Verlängern höre ich besser, was ich schreiben muss:

ein Kor p/b	–	viele Körbe,	also ein Korb
ein Hun t/d	–	viele Hunde,	also ein Hund
ein Ber k/g	–	viele Berge,	also ein Berg

Ich schreibe diese Wörter anders, als sie klingen: ein Sieb, eine Burg, ein Kind

1 Wähle ein Wort aus und schwinge es.
Wie viele Silben hat das Wort? Wie heißen die Silbenkerne?
Schreibe das Wort ab, zeichne Silbenbögen
und markiere die Silbenkerne: Gemüse

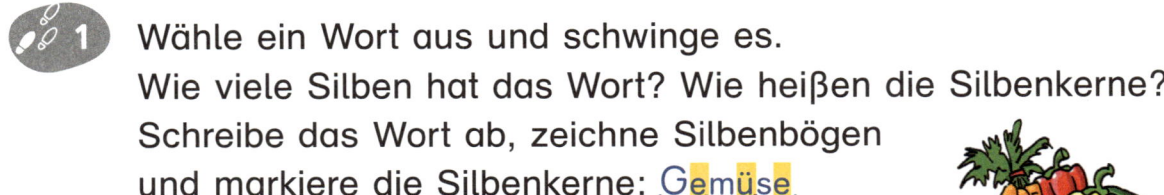

2 Wähle Wörter aus, schwinge sie und ordne sie
nach der Anzahl ihrer Silben.
Schreibe die Tabelle in dein Heft
und trage deine Wörter ein.
Markiere die Silbenkerne.

⌣	⌣⌣	⌣⌣⌣
Buch	Nase	Gemüse
...	...	...

3 Suche Wörter mit verstecktem **e** in der zweiten Silbe.
Sprich die Wörter in Silben und schreibe
mit Silbenbögen. Kreise das versteckte **e** ein: Apfel, lesen

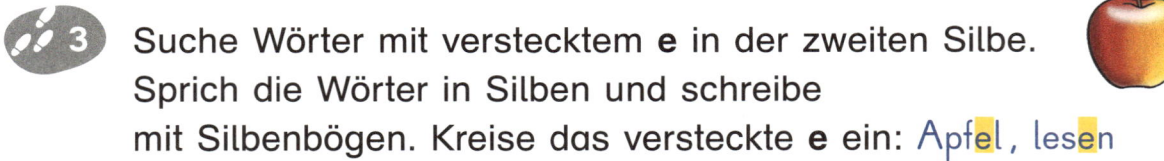

1 Suche Nomen mit **b**, **d** oder **g** am Wortende.
Finde zu den Wörtern die Verlängerung. Schreibe sie
in dein Heft und markiere **b**, **d** oder **g**: viele Pferde — ein Pferd

2 Auch in Adjektiven gibt es manchmal **b**, **d** oder **g**,
die du mit **p**, **t** oder **k** schreiben musst.
Schau auf die Rückseite der Karten und suche diese Adjektive.
Finde ein verlängertes Wort mit einer ähnlichen Bedeutung
und schreibe so: das gesunde Obst — gesund

3 Auch in Verben gibt es manchmal **b**, **d** oder **g**,
die du mit **p**, **t** oder **k** schreiben musst.
Suche diese Verben auf der Rückseite der Karten und
schreibe sie mit einer Verlängerung: wir sagen — sie sagt

Großschreibung

Strategiekarte 3 1 2

Das Treppengesicht hilft mir:
ein blaue Stift,
ein neuer, blauer Stift
schreibt gut

- **Nomen** schreibe ich **groß**.
  Ich erkenne sie
  mit der **Schiebewortprobe**:
  Wörter, vor die ich beschreibende Schiebewörter
  einfügen kann, schreibe ich groß: die alte Katze

- Zu jedem Nomen gehört ein **Artikel** (Begleiter).
  Bestimmte Artikel sind **der, die, das**: der Hund, die Katze, das Kind
  Unbestimmte Artikel sind **ein, eine**: ein Hund, eine Katze, ein Kind

- Nomen gibt es in der **Einzahl** (Singular) und **Mehrzahl** (Plural):
  ein Hund – viele Hunde, ein Bild – viele Bilder

- Nomen sind oft **Namen** für **Menschen, Tiere, Pflanzen** und **Dinge**:
  die Frau, Paul, der Hund, das Gemüse, die Tasche

Vokallänge 1

Strategiekarte 4 1

- Ich schreibe den gleichen Buchstaben,
  auch wenn der Silbenkern **verschieden** klingt:

Affe, Nase
Fenster, Schere
Sonne, Hose
Puppe, Schule

- Ich schreibe **i**, wenn der Silbenkern **kurz** klingt: Spinne
  Ich schreibt meistens **ie**, wenn der Silbenkern **lang** klingt: Biene

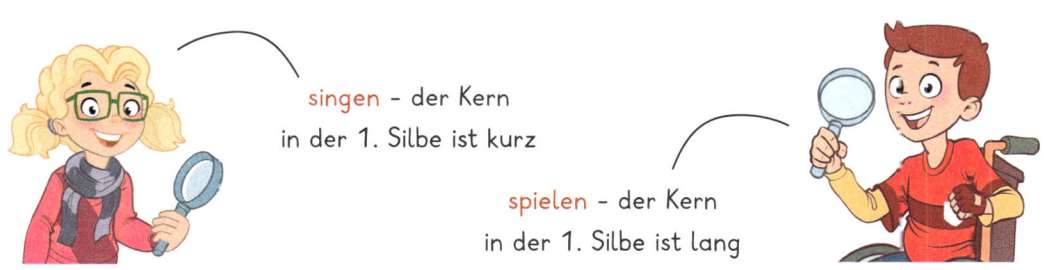

singen – der Kern
in der 1. Silbe ist kurz

spielen – der Kern
in der 1. Silbe ist lang

 **1** Welche Wörter sind Nomen? Suche Beispiele.
Du erkennst sie daran, dass sie großgeschrieben sind.

 **2** Suche einige Nomen und schreibe Treppengedichte:
eine rote Blume
eine schöne, rote Blume
wächst im Garten

 **3** Suche Nomen und schreibe sie
mit Artikel geordnet in eine Tabelle:

Mensch	Tier	Pflanze	Ding
der Opa	...	...	...

 4 Suche Nomen und schreibe sie
in Einzahl und Mehrzahl: ein Hund — viele Hunde

 **5** Schreibe zusammengesetzte Nomen: der Ball + ? → ?

 **1** Suche Wörter mit **ie**.
Sprich sie deutlich und schreibe sie: lieb, ...

 **2** Suche zweisilbige Wörter mit **i** und **ie**.
Schreibe sie geordnet
in eine Tabelle:

Wörter mit i	Wörter mit ie
singen	...

 **3** Suche zu jedem Vokal Wörter,
bei denen die erste Silbe kurz  oder lang  ist:
a: kurz: Affe, lang: sagen
e: kurz: schnell, lang: ...
i/ie: kurz: ..., lang: ...
o: kurz: ..., lang: ...
u: kurz: ..., lang: ...

Vokallänge 2

Strategiekarte 5 2

- Ist der Vokal in der ersten Silbe **kurz**, wird die Silbe mit einem Konsonanten **geschlossen**: Winter, helfen
- Ist der Vokal in der ersten Silbe **lang**, bleibt die Silbe **offen**: Nebel, fragen
- Ist der Vokal in der ersten Silben **kurz** und ich höre dann nur **einen Konsonanten**, muss ich ihn **verdoppeln**: Himmel, rollen

Auch Umlaute können kurz oder lang sein: Füller – Blüte

- Wörter, bei denen ich nach dem kurzen Vokal in der ersten Silbe ein **z** höre, schreibe ich nicht mit **zz**, sondern **tz**: putzen
- Wörter, bei denen ich nach dem kurzen Vokal in der ersten Silbe ein **k** höre, schreibe ich nicht mit **kk**, sondern **ck**: Rücken

Merken

Strategiekarte 6 1 2

- Manche Wörter haben Lupenstellen, die ich mir nicht erklären kann. Diese Wörter muss ich mir merken:
  - Wörter mit **V/v**: Vater, versuchen
  - Wörter mit **X/x**: Hexe, Lexikon
  - Wörter mit **Y/y**: Pony
  - Wörter mit **C/c**: Cent, Computer
  - Wörter mit Doppelvokal: Haare, Tee, Zoo

Wörter mit den Wortbausteinen ver und vor schreibe ich immer mit v: verlaufen, vorlaufen

- Merkwörter muss ich oft üben.
- Wenn ich mir nicht sicher bin, wie das Wort geschrieben wird, schlage ich in der Wörterliste oder einem Wörterbuch nach.

1 Suche zweisilbige Wörter mit einem doppelten Konsonanten. Schreibe sie ab und markiere die doppelten Konsonanten und die kurzen Vokale: Klasse, Donnerstag

2 Suche zweisilbige Wörter mit kurzen und langen Vokalen in der ersten Silbe. Schreibe sie geordnet in eine Tabelle:

erste Silbe geschlossen	erste Silbe offen
…	…

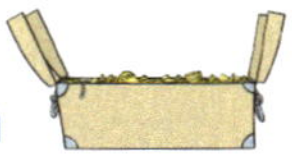

3 Suche einsilbige Wörter mit doppeltem Konsonanten, **tz** und **ck**. Finde ein verlängertes zweisilbiges Wort mit einer ähnlichen Bedeutung und schreibe so:
still – stiller, Rock – Röcke, Schatz – Schätze

1 Schau auf die Rückseite der Karten und suche Wörter, die du dir merken musst. Schreibe die Merkwörter in dein Heft ab und markiere Lupenstellen: der Computer

M

2 Finde Merkwörter und wähle aus, wie du die Wörter üben möchtest:
- Ordne die Wörter nach dem **Abc**.
- Schreibe mit jedem Wort einen Satz.

3 Finde Merkwörter mit verschiedenen Lupenstellen. Ordne sie in einer Tabelle. Markiere die Lupenstellen.

V/v	X/x	…
vier	…	…

Wortstamm 1

Strategiekarte 7 1 2

- Verwandte Wörter haben einen Wortteil, der **gleich** ist.
  Das ist der **Wortstamm**. Diese Wörter gehören zu einer **Wortfamilie**.

- Alle Wörter einer Wortfamilie verbindet eine ähnliche Bedeutung:
  pflanzen, die Pflanze, pflanzlich

- Einen Wortstamm kann man durch Wortbausteine erweitern:
  ausrechnen, die Rechnung, verrechnen

- Den **Wortstamm** einer Wortfamilie
  schreibe ich immer **gleich**:
  Sand, der Sandkasten, sandig

Bei manchen Wortfamilien
verändert sich der Wortstamm ein wenig.
Dennoch bleibt er ähnlich:
singen, gesungen, Gesang

Wortstamm 2

Strategiekarte 8 1 2

- Im Wort klingen **ä** und **e** oft gleich.
  Wenn es ein **verwandtes Wort**
  mit **a** im Wortstamm gibt,
  schreibe ich **ä**:
  die Hand, also die Hände
  das Gras, also die Gräser

- Im Wort klingen **äu** und **eu** oft gleich.
  Wenn es ein **verwandtes Wort**
  mit **au** im Wortstamm gibt,
  schreibe ich **äu**:
  das Haus, also die Häuser
  der Baum, also die Bäume

 **1** Wähle Wörter und finde dazu
jeweils ein verwandtes Wort mit dem gleichen Wortstamm.
Schreibe sie und markiere den Wortstamm:
Kleid - verkleiden, malen - Maler

 **2** Suche Verben und bilde
mit Wortbausteinen neue Wörter.
Schreibe sie und markiere den Wortstamm:
lesen - vorlesen, Lesebuch, leserlich

3 Suche Wörter, bei denen sich der Wortstamm
in anderen Wörtern der Wortfamilie leicht verändert.
Schreibe sie und markiere den Wortstamm:
helfen - Hilfe, geben - gibt

© Westermann Gruppe

 **1** Schau auf die Rückseite der Karten
und suche Wörter mit **ä** oder **äu**.
Schreibe die Wörter in dein Heft und markiere **ä** oder **äu**:
viele Plätze, sie läuft, härter

 **2** Schau auf die Rückseite der Karten
und suche Nomen mit **ä** oder **äu**.
Finde das verwandte Wort mit **a** oder **au** und schreibe so:
der Mann -> also viele Männer; der Baum -> also viele Bäume

 3 Für welche Wörter mit **ä** gibt es ein verwandtes Wort mit **a**?
Welche Wörter musst du dir merken,
weil es kein verwandtes Wort mit **a** gibt?
Schreibe die Wörter geordnet in eine Tabelle.

 ⬚	M
...	...

© Westermann Gruppe

Gedächtnistricks

Wenn ich mir schwierige Wörter merken möchte,
kann ich diese Tricks benutzen:

Das Tier im Zoo
hat lange Haare.

A. Ich erfinde eine **Eselsbrücke**:
- Wort-Geschichten: Mein Vater hat vier Vögel.
- Buchstaben-Bilder: V = , fallen = F

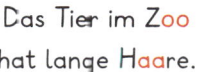

B. Ich **fotografiere** die Wörter mit den Augen.
Ich sehe mir das schwierige Wort dazu genau an.

C. Ich lese das Wort halblaut und deutlich in Silben.
Ich **lausche** dabei ganz genau.

D. Ich **male** für das schwierige Wort ein Bild
und beschrifte es.

Wörter abschreiben

1. Ich lese das Wort und spreche dabei deutlich Laut für Laut.

2. Ich schwinge die Silben
und achte auf die Silbenkerne.

3. Ich überlege,
ob ich eine Strategie anwenden kann
und merke mir die schwierige Stelle.

3. Ich verdecke das Wort und schreibe es Laut für Laut auf.

4. Ich vergleiche mit der Vorlage.

5.

Pinsl

Wenn nötig, berichtige ich das Wort, schreibe es noch einmal
und kreise die schwierige Stelle ein.

1 Wähle 5 schwierige Wörter und male zu jedem Wort ein Bild.
Beschrifte die Bilder und merke dir,
wie die Wörter geschrieben werden.

2 Wähle 9 Wörter, die du schwierig findest,
und lies sie dir halblaut vor.
Schreibe dann 3 Sätze mit jeweils 3 von deinen Wörtern.
Markiere die Lupenstellen in den Wörtern.

3 Wähle schwierige Wörter aus:

- 3 bis 5 Nomen
- 3 bis 5 Verben
- 3 bis 5 Adjektive

Schau dir die Wörter genau an.
Schreibe damit dann 3 lustige Sätze.

Methodenkarte 2 ❶❷

1 Wähle Wörter aus, bei denen
genaues Mitsprechen in Silben hilft:
das Gemüse, ...
Schreibe jedes Wort 5-mal ab.

2 Wähle Wörter mit Lupenstellen aus.
Schreibe sie ab
und markiere die Lupenstellen:
der Berg, die Hexe, ...

3 Schreibe den Satz
auf der Rückseite der Karten ab.
Setze dabei das Wort ein.

Mit Diktaten üben

Methodenkarte 3 1 2

Um Wörter zu üben, kann ich verschiedene Diktate schreiben:

A. **Schleichdiktat**

- Ich lege einige Karten an eine entfernte Stelle im Raum.
- Ich lese das erste Wort und merke es mir.
- Ich schleiche zu meinem Platz zurück.
  Ich schreibe das Wort und spreche dabei genau mit.
- Ich schleiche so oft hin und her, bis alle Wörter geschrieben sind.
- Ich hole mir die Karten, kontrolliere und berichtige Fehler.

B. **Partnerdiktat**

- Ich suche mir einen Partner oder eine Partnerin.
- Ich diktiere und sehe meinem Partnerkind zu.
- Mein Partner schreibt und spricht leise mit.
- Bei einem Fehler sage ich: „Stopp!“
  Wir berichtigen den Fehler.
- Wir wechseln uns ab.

Wörter üben

Methodenkarte 4 1 2

Wenn ich mir **wichtige Wörter** (!) merken möchte, kann ich sie auf verschiedene Weisen schreiben und üben:

A. Ich ordne die Wörter nach Anfangsbuchstaben.
B. Ich ordne die Wörter nach dem Abc.
C. Ich ordne die Wörter
   nach der Anzahl der Buchstaben.
D. Ich schreibe die Wörter in bunten Farben.
E. Ich schreibe mit jedem Wort einen Satz.

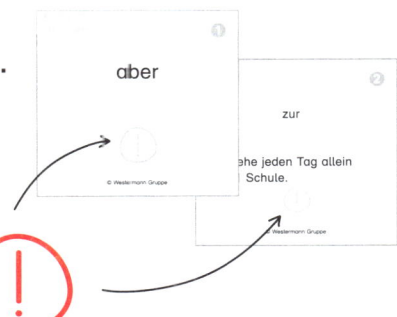

So kann ich auch **andere Wörter** schreiben und üben:

F. Ich ordne die Wörter nach der Anzahl der Silben.
G. Ich ordne die Wörter nach Reimen.
H. Ich ordne die Wörter nach Lupenstellen.
I. Ich ordne die Wörter nach Bedeutung.
J. Ich ordne die Wörter nach Wortarten.

 **1** Wähle für ein Schleichdiktat 5 Wörter aus,
bei denen genaues Mitsprechen in Silben hilft.
Schleiche zu deinem Platz und schreibe Wort für Wort auf.

 **2** Wählt 7 Wörter mit Lupenstellen
für ein Partnerdiktat aus.
Schaut euch die Wörter vor dem Diktat genau.
Schreibt dann abwechselnd ein Partnerdiktat.

 **3** **Quiz-Show** (für 3 bis 5 Kinder)
- Zieht reihum eine Karte. Lest den Satz auf der Karte vor.
  Haltet dabei das Lösungswort verdeckt.
- Die anderen raten still und schreiben ihre Lösungen auf.
- Wer richtig rät, erhält 1 Punkt.
  Wer richtig rät und richtig schreibt, erhält 2 Punkte.

 **1** Wähle 5 wichtige Wörter
und schreibe jedes Wort 5-mal
mit verschiedenen Farben.

 **2** Wähle 7 wichtige Wörter
und übe sie auf verschiedene Weisen.
Wähle 2 Übungen von A bis E aus.

 **3** Suche 5 schwierige Wörter
und markiere die Lupenstellen.
Wähle 2 Übungen von F bis J aus und übe
die Wörter auf verschiedene Weisen.
Wenn du mit dem Üben fertig bist,
lass dir die Wörter noch einmal
von einem Partnerkind diktieren.

Wörter nachschlagen

Wenn ich unsicher bin, wie ein Wort geschrieben wird,
schlage ich es in der Wörterliste nach.

1. Ich spreche mir das Wort deutlich vor.

2. Ich überlege, mit welchem Buchstaben das Wort anfängt.

3. Ich überlege, an welcher Stelle der Buchstabe im Abc steht.

4. Ich suche die richtige Stelle
   in der Wörterliste.

5. Ich beachte auch
   den zweiten Buchstaben
   und finde das Wort.

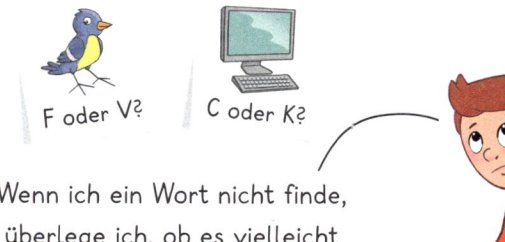

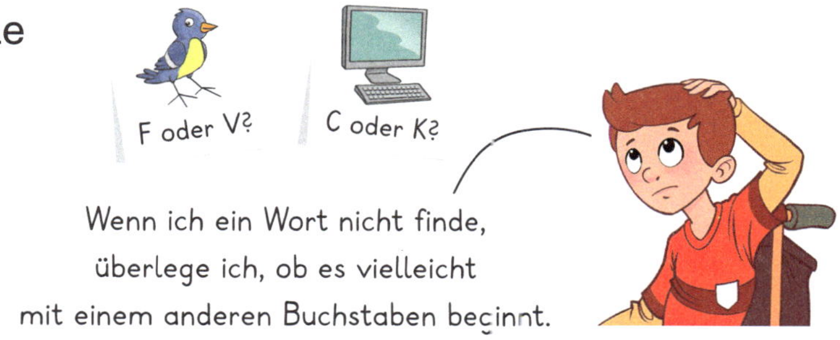

F oder V? C oder K?

Wenn ich ein Wort nicht finde,
überlege ich, ob es vielleicht
mit einem anderen Buchstaben beginnt.

Wörter unter der Lupe

Wenn ich die Schreibweise eines Wortes
verstehen will, untersuche ich es.

1. Ich lese das Wort genau
   und markiere Lupenstellen.
2. Ich zeichne Silbenbögen: Wie viele Silben hat das Wort?
3. Ich überlege: Welche Strategie hilft beim Richtigschreiben?
4. Ich erkläre: Warum muss ich das Wort genau so schreiben?
5. Ich überlege: Zu welcher Wortart gehört das Wort?
6. Ich überlege: Zu welcher Wortfamilie
   gehört das Wort?
   Ich markiere den Wortstamm.

Wir nehmen
die Wörter gemeinsam
unter die Lupe.

Das Wort
schreibt man so,
weil...

 **1** Finde zu jedem Buchstaben des Abc ein Wort.
Schreibe das Abc dann in dein Heft ab: der Affe, der Berg, ...

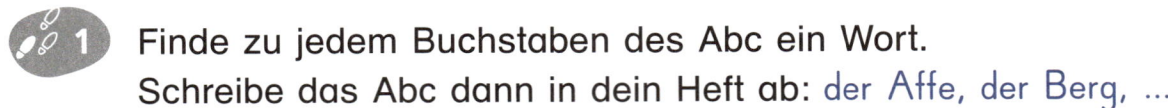 **2** Wähle eine Wortkarte: der Arm
Wie heißen der Vorgänger und der Nachfolger in der Kartei?
Schreibe die Dreiergruppe auf: die Apfel, der Arm, auf
Markiere den ersten und zweiten Buchstaben.

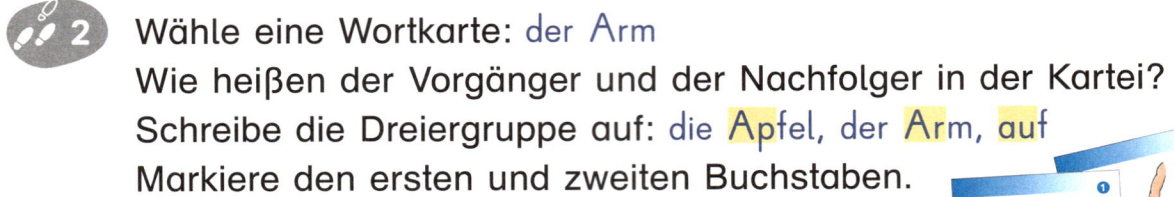

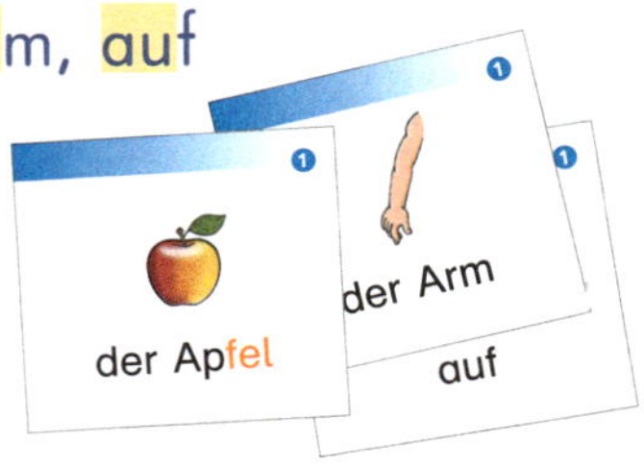

3 **Abc-Olympiade** (für 3 Kinder)
- Jedes Kind wählt 10 Wörter aus.
- Die Wörter werden gemischt und verdeckt reihum verteilt.
- Wer als Erstes seine Karten richtig nach dem Abc
  geordnet hat, gewinnt.
- Die anderen kontrollieren: Wer einen Fehler gemacht hat,
  fällt auf den dritten Platz zurück.

© Westermann Gruppe

 **1** Wähle ein Wort. Untersuche es und erkläre die Schreibweise
einem Partnerkind: Bei diesem Wort
- hilft genaues Mitsprechen in Silben.
- gibt es eine Lupenstelle, die ich durch ... erklären kann.
- gibt es eine Lupenstelle, die ich mir merken muss.

 **2** Suche zu jeder Strategie 2 Beispielwörter
und erkläre sie schriftlich.

3
- Schreibe den Satz von der Rückseite der Karte
  als Schleichdiktat.
- Überprüfe genau und markiere
  deine falsch geschriebenen Wörter.
- Führe ein Rechtschreibgespräch.

© Westermann Gruppe

Synopse der Rechtschreibstrategien

Hinweis zum Lesen der Tabellen:
In der ersten Spalte steht das <u>Grundwort</u> der Wortkarte.

- <u>Schwarze Kreuze</u> zeigen, welche Strategien bei dem Grundwort berücksichtigt werden müssen.

- Die hellgrauen Kreuze beziehen sich auf die flektierten Wortformen auf der Rückseite der Wortkarte.

GWS 1	Silben	Verlängern	Großschreibung	Vokallänge	Wortstamm	Merken	Wichtige Wörter
aber							X
Affe			X				
alle							X
alt							X
am							X
Ampel	X		X				
an							X
Apfel	X		X	X			
Arm	X		X				
auf							X
Auge	X		X				
Auto	X		X				
Baby			X			X	
baden	X						
Ball			X	X			
Bär			X			X	
bauen	X						
Baum			X	X			
Bein	X		X				
Berg		X	X				
Biene			X	X			
Blatt			X	X			
blau	X						
Blume	X		X				
Brot	X		X				
Buch	X		X				
bunt	X						
Cent			X		X		
Computer			X		X		
da							X
dann							X
das							X
dem							X
den							X
der							X
die							X
doch							X
drei	X						
du							X
Ei	X		X				
ein							X
eins							X
Ente	X		X				
er							X
es							X

GWS 1	Silben	Verlängern	Großschreibung	Vokallänge	Wortstamm	Merken	Wichtige Wörter
essen							X
Eule	X		X				
Euro	X		X				
fallen	X				X		
Finger	X			X			
fliegen				X			
Frau	X		X				
Freund		X	X				
für							X
Fuß			X				
ganz							X
gehen	X						
gelb		X					
Gemüse	X		X				
gestern	X						
groß							X
gut	X						
hallo							X
Hase	X		X				
Haus			X	X			
heute							X
Hexe			X		X		
holen	X						
hören	X						
Hose	X		X				
Hund		X	X				
ich							X
im							X
immer							X
in							X
Insel			X	X			
ist							X
ja							X
jeder							X
Junge	X		X				
Käfer			X		X		
Käse			X		X		
Katze			X				
kaufen	X						
Kind		X	X	X			
klein	X						
kochen	X						
kommen							X
können							X
Kopf	X		X				

GWS 1	Silben	Verlängern	Großschreibung	Vokallänge	Wortstamm	Merken	Wichtige Wörter
Korb		X	X				
krank	X						
Kuchen	X		X				
lachen	X						
laufen	X				X		
laut	X						
leben	X						
leise	X						
lernen	X						
lesen	X						
lieb		X		X			
malen	X						
man							X
Mann			X		X		
Maus			X		X		
mein							X
Milch		X	X				
mir							X
mit							X
morgen	X						
müssen							X
Mutter			X				
nach							X
Nacht			X	X			
Nase	X		X				
nein							X
neu	X						
nicht							X
nun							X
oben	X						
oder							X
Oma	X		X				
Opa	X		X				
Pferd		X	X				
Pony			X		X		
Puppe			X				
quaken	X						
Regen	X		X				
rennen							X
Ring		X	X				
rot	X						
rufen	X						
sagen	X						
schauen	X						
Schere	X		X				

GWS 1

	Silben	Verlängern	Großschreibung	Vokallänge	Wortstamm	Merken	Wichtige Wörter
Schiff			X	X			
schlafen	X				X		
schnell							X
schon							X
schön	X						
schreiben	X						
Schule	X		X				
schwarz	X						
schwer	X						
Schwester	X		X				
sehen	X						
Seife	X		X				
sein							X
sie							X
sind							X
singen				X			
sitzen				X			
so							X
Sonne			X				

GWS 1

	Silben	Verlängern	Großschreibung	Vokallänge	Wortstamm	Merken	Wichtige Wörter
spielen				X			
Spinne			X	X			
stehen	X						
Stein	X		X				
Stift			X	X			
Tag		X	X				
Tasche	X		X				
Teddy			X		X		
Telefon	X		X				
Tier			X	X			
toll							X
trinken				X			
turnen	X						
über							X
um							X
und							X
unter							X
Vater			X	X	X		
viel							X

GWS 1

	Silben	Verlängern	Großschreibung	Vokallänge	Wortstamm	Merken	Wichtige Wörter
Vogel	X		X			X	
vor							X
Wald		X	X		X		
wann							X
warm	X						
warum							X
was							X
waschen	X				X		
Wasser			X				
weil							X
weiß							X
wenn							X
wer							X
wie							X
wir							X
wo							X
Zeit	X		X				
zu							X
zwei	X						

GWS 2

	Silben	Verlängern	Großschreibung	Vokallänge	Wortstamm	Merken	Wichtige Wörter
ab							X
Abend		X	X				
acht	X						
alles							X
als							X
Antwort		X	X				
antworten	X						
April	X		X				X
Arbeit		X	X				
arbeiten	X						
Ast		X	X		X		
auch							X
Aufgabe	X		X				
August			X				X
aus							X
Bad		X	X		X		
bald							X
Bank		X	X		X		
Bauch			X		X		

GWS 2

	Silben	Verlängern	Großschreibung	Vokallänge	Wortstamm	Merken	Wichtige Wörter
bei							X
bewegen	X	X					
bezahlen				X			
Bild		X	X				
Birne	X		X				
bis							X
bleiben	X	X					
blühen				X			
Blüte	X		X				
Boden	X		X				
böse	X						
brauchen	X						
braun	X						
breit		X					
Brief	X		X				
bringen	X	X					
Bruder	X		X				
Butter			X	X			
dass							X

GWS 2

	Silben	Verlängern	Großschreibung	Vokallänge	Wortstamm	Merken	Wichtige Wörter
denken	X	X					
denn							X
des							X
Dezember	X		X				X
dich							X
Dienstag		X	X				X
dieser							X
dir							X
Donnerstag		X	X	X			X
dort							X
dunkel	X						
durch							X
eines							X
Eis	X		X				
elf	X						
Eltern	X		X				
Ende	X		X				
eng		X					
Erde	X		X				

GWS 2	Silben	Verlängern	Großschreibung	Vokallänge	Wortstamm	Merken	Wichtige Wörter
etwas							X
euch							X
eure							X
fahren					X		
Familie	X		X				
fangen	X	X			X		
Februar	X		X				X
fein	X						
Feld		X	X				
Fenster	X		X				
Ferien	X		X				
finden	X						
flüssig		X		X			
fragen	X	X					
Freitag		X	X				X
fremd		X					
Freude	X		X				
frisch	X						
Frucht		X	X				
früh					X		
Frühling	X		X		X		X
füllen				X			
Füller			X	X			
fünf	X						
ganz							X
Garten	X		X				
geben	X	X					
Geld		X	X				
Gesicht		X	X				
gesund		X					
Gras			X				
grün	X						
Haare			X		X		
haben	X						
Hals			X	X			
halten	X			X			
Hand		X	X	X			
hart		X					
Haut		X	X	X			
heißen				X			
helfen	X						
hell				X			
Hemd		X	X				
her							X
Herbst			X			X	X
Herr			X	X			
hier							X
Himmel			X	X			
hin							X

GWS 2	Silben	Verlängern	Großschreibung	Vokallänge	Wortstamm	Merken	Wichtige Wörter
hinter							X
hundert		X					
Igel			X				
ihm							X
ihn							X
ihnen							X
ihr							X
ins							X
Jahr			X	X			
Januar	X		X				X
Juli	X		X				X
Juni	X		X				X
Kalender	X		X				
kalt		X			X		
kein							X
keiner							X
Klasse			X	X			
Kleid		X	X				
König		X	X				
Körper	X		X				
Küche	X		X				
Kuh			X	X			
lecker				X			
legen	X	X					
leicht		X					
Leute	X		X				
Lexikon			X			X	
Licht		X	X				
liegen	X	X					
machen	X						
Mädchen			X			X	
Mai			X			X	X
März			X			X	X
mehr							X
mich							X
Minute	X		X				
Mittwoch			X	X			X
Monat		X	X				
Montag		X	X				X
Mund		X	X				
mutig		X					
Name	X		X				
Nebel	X		X				
nehmen						X	
nett			X				
neun	X						
nichts							X
nie							X
noch							X

GWS 2	Silben	Verlängern	Großschreibung	Vokallänge	Wortstamm	Merken	Wichtige Wörter
November			X			X	X
nun							X
nur							X
ob							X
Obst			X		X		
oft							X
ohne							X
Ohr			X	X			
Oktober	X		X				X
Ostern	X		X				
Papier	X		X				
pflanzen	X						
pflegen	X	X					
Platz			X	X			
Pommes			X	X			
putzen			X				
Quadrat		X	X				
Raupe	X		X				
rechnen	X						
reden	X						
reich	X						
reisen	X						
Rock			X	X			
rollen				X			
Rücken			X	X			
Saft		X	X				
Salz	X		X				
Samstag			X	X			X
Sand			X	X			
sandig		X					
Satz			X	X	X		
Schatz			X	X	X		
scheinen	X						
schlagen	X	X			X		
Schnee			X	X			
schneiden	X						
schreien	X						
Schuh			X	X			
sechs						X	
sehr							X
sein							X
seit							X
Sekunde	X		X				
September	X		X				X
sich							X
sieben	X						
Sohn			X	X			
sollen				X			
Sommer			X	X			X

GWS 2	Silben	Verlängern	Großschreibung	Vokallänge	Wortstamm	Merken	Wichtige Wörter
Sonntag		X	X	X			X
sparen	X						
Sport	X		X				
sprechen	X						
springen	X	X					
stellen				X			
Stern	X		X				
still				X			
Stunde	X		X				
suchen	X						
täglich		X			X		
Tee			X			X	
Tochter	X		X				
tragen	X	X			X		
üben	X	X					
Uhr			X		X		
uns							X
unser							X
unten							X
versuchen						X	

GWS 2	Silben	Verlängern	Großschreibung	Vokallänge	Wortstamm	Merken	Wichtige Wörter
vier						X	
voll							X
vom							X
von							X
waren	X						
warten	X						
Weg		X	X				
Weihnachten			X			X	
weit		X					
welcher							X
wem							X
wen							X
wenig							X
werden	X	X					
Wetter				X	X		
wieder							X
Wiese	X		X				
Wind		X	X				
Winter	X		X				X
Woche	X		X				

GWS 2	Silben	Verlängern	Großschreibung	Vokallänge	Wortstamm	Merken	Wichtige Wörter
wohnen				X			
wollen				X			
Wort		X	X				
Wunsch	X		X				
wünschen	X						
Wurst		X	X				
Wurzel	X		X				
Zahl			X	X			
zählen				X			
Zahn			X	X			
Zeh			X	X			
zehn					X		
zeigen	X	X					
Zimmer			X	X			
Zoo			X		X		
Zucker			X	X			
zum							X
zur							X
Zwiebel	X		X				
zwölf	X						

Erarbeitet von:

Susanne Main, Mannheim; in Zusammenarbeit mit der Westermann-Grundschulredaktion

Illustriert von:

Matthias Berghahn (Wortkarten, Strategie- und Methodenkarten),
Michael Stapper (Strategie- und Methodenkarten)

westermann GRUPPE

© 2020 Bildungshaus Schulbuchverlage
Westermann Schroedel Diesterweg Schöningh Winklers GmbH, Braunschweig
www.westermann.de

Druck A¹ / Jahr 2020
Alle Drucke der Serie A sind im Unterricht parallel verwendbar.

Redaktion: Christin Bußhoff
Umschlaggestaltung: blum design und kommunikation GmbH, Hamburg; mit Illustrationen von Zapf
Layout: Druckreif! Annette Henko, Braunschweig
Druck und Bindung: Westermann Druck GmbH, Braunschweig

ISBN 978-3-14-141519-3